Superar el miedo al fracaso

Phillip A. Johansen

Editorial Anuket

Índice:

Capítulo 1
El fracaso

La voluntad de asumir riesgos es un rasgo importante de los líderes y empresarios. Su reverso es un estado de ansiedad irracional, miedo a no hacer frente a las tareas. De acuerdo con el Informe Global Entrepreneurship Monitor, es el miedo al fracaso lo que los líderes empresariales creen que es un impedimento importante para la innovación.

¿Cuál es el beneficio de la experiencia del fracaso?

Lo que nos distingue unos de otros no es la frecuencia con la que caemos, sino la cantidad de veces que nos levantamos y cómo reaccionamos ante las caídas. La madurez implica la capacidad de lidiar con el fracaso. ¿Cómo aprenderlo?

La diferencia en la reacción al fracaso es especialmente notable cuando se trata de bebés. Afortunadamente, son persistentes y decididos, de lo contrario nunca habríamos aprendido a caminar, hablar y hacer cualquier otra cosa.

Imagine cuatro niños que están resolviendo el mismo problema: están tratando de abrir una caja deslizando un botón grande hacia la izquierda. El primer niño tira del botón, pero la caja se mueve, el niño no puede alcanzarla ahora. Luego se da la vuelta y empieza a jugar con el pañal.

El segundo niño juguetea con el botón durante unos segundos, pero no lo consigue. Se sienta en el suelo y mira la caja. Le tiembla el labio inferior, pero no hace más esfuerzo.

El tercer bebé tira del botón con fuerza. Falla. Pero no se rinde y tras 10 minutos de ensayo y error consigue su objetivo. La tapa se abre y un oso salta fuera de la caja. El niño grita de alegría, empuja al oso hacia atrás, después de lo cual todo se repite. El cuarto niño ve a otro niño abrir la caja. Se sonroja, golpea la caja con el puño y rompe a llorar.

Las principales formas de lidiar con el fracaso se forman en la primera infancia, pero no tenemos que pagar por los errores de la infancia toda nuestra vida. A veces, el fracaso nos hace percibir la meta como poco realista e inalcanzable, por lo que renunciamos a ella sin pensarlo dos veces (como el primer bebé que se olvidó de la caja cuando no podía alcanzarla).

Otros se desaniman y pierden la capacidad de hacer cualquier cosa, se vuelven pasivos e indefensos (como un segundo bebé que simplemente se sentó y miró). Otros siguen intentándolo hasta que se salen con la suya. Finalmente, algunos de nosotros nos deprimimos y perdemos nuestra capacidad de pensar con claridad.

Hay personas que se toman el fracaso a la ligera, pero muchas se lo toman a pecho. Los fracasos siempre nos duelen y nos decepcionan, pero también pueden brindarnos información valiosa, enseñarnos cosas útiles y ayudarnos a crecer y desarrollarnos. Gracias a ellos, la próxima vez es más probable que evitemos errores y aumentemos nuestras posibilidades de lograr nuestro objetivo.

Tres heridas psicológicas del fracaso

El fracaso nos inflige tres heridas que necesitan tratamiento urgente mientras aún no son profundas. Dañan la autoestima al hacernos sacar conclusiones equivocadas sobre nuestras habilidades. Socavan nuestra autoconfianza, motivación y optimismo. Finalmente, dan lugar a miedos que dificultan el avance hacia la meta. Para entrar en un círculo vicioso, uno o dos incidentes desagradables son suficientes.

Autoimagen enana

Los jugadores de béisbol a menudo afirman que cuando golpean bien, la pelota se siente inusualmente grande (y, por lo tanto, más fácil de golpear). El fracaso no solo convierte nuestra meta en un Everest que solo unos pocos pueden escalar, sino que también nos "encoge". Empezamos a parecernos menos inteligentes, menos atractivos que antes.

Por ejemplo, si un estudiante no pasó bien la sesión de invierno, comienza a dudar de sus habilidades y aumenta la complejidad subjetiva de la disciplina académica. Muchos estudiantes de primer año deciden abandonar después de una mala sesión (especialmente si actuaron como un primer bebé cuando eran niños).

Si nuestro hijo de seis años reprobó una prueba de ortografía y se llamó a sí mismo el gran perdedor, inmediatamente le diríamos que esa no es la manera de hablar de uno mismo. Pero rara vez usamos la misma lógica cuando se trata de nuestras vidas.

Resoluciones de Año Nuevo

Estas promesas, por regla general, no están a la altura de febrero, y sacamos conclusiones precipitadas: "de nuevo, fracaso, soy demasiado perezoso para hacer algo serio". Como resultado, comenzamos a tratarnos incluso peor que en la víspera del Año Nuevo. Pero todo es cuestión de falta de planificación. La falta de una fecha de inicio es uno de los errores más comunes al establecer metas.

Otro error típico que acaba con los propósitos de año nuevo es la abundancia de goles. Recuerdo cómo Paulina, quien se divorció recientemente y estaba criando a dos niños en edad escolar, llegó volando a mi oficina el primer día del nuevo año y orgullosamente me tendió un papel. "Estos son mis planes", explicó, "me aconsejaste que recuperara el control de mi propia vida…"

La lista incluía cosas como ir al gimnasio 4 veces a la semana y perder 10 kg, mejorar el rendimiento laboral, instalar nuevos armarios, pintar las paredes del dormitorio, hacer cinco nuevos amigos, unirse a un sitio de citas y al menos 2 citas al mes, cursos de sumiller, dedicar un día al mes al voluntariado y destinar el tiempo suficiente para interactuar con los niños…

La lista de Paulina era una mezcla explosiva de varios errores: algunos planes chocaban con otros, algunos claramente carecían de certeza y otros eran demasiado complicados. No existía un programa de acción para superar los obstáculos y las consecuencias del fracaso, sin el cual ninguna empresa puede prescindir.

En general, rompemos las promesas que nos hacemos a nosotros mismos porque nos fijamos metas equivocadas. Y no cumplir las promesas, a su vez, daña nuestra autoestima.

Miedo a nuevos fracasos

Cuando experimentamos el fracaso, caemos presa de nuestro estado de ánimo derrotista más a menudo de lo que pensamos. Si no conseguimos un ascenso, dejamos de trabajar duro porque creemos que, por mucho que lo intentemos, no conseguiremos un ascenso.

Nos inscribimos en un gimnasio, sufrimos una lesión menor y llegamos a la conclusión de que no podemos hacer ejercicio. Cuando una esposa rechaza nuestros avances, decidimos que ya no nos ama. En cada uno de estos casos, el fracaso nos convence de que no tenemos posibilidades de obtener lo que queremos, por lo que no tiene sentido intentarlo. El fracaso puede ser muy persuasivo.

Sin embargo, sin hacer esfuerzos, reducimos a cero la probabilidad de lograr la meta.

Se nos escapa por completo que nuestra negativa a luchar fue la causa de la decepción. Además, no nos damos cuenta de que el pesimismo ha ocultado a nuestra vista las posibilidades y caminos que realmente existen.

Por ejemplo, no sabíamos que éramos los segundos en la lista de promoción y que, si seguíamos haciéndolo bien, la próxima vez nos ascenderían. Después de leer la literatura sobre entrenamiento, haríamos un plan que ayudaría a evitar lesiones.

El miedo al fracaso nos hace poner un palo en nuestras ruedas, creándonos barreras o exagerando la complejidad de las metas. Inconscientemente mostramos una gran creatividad al inventar varios obstáculos para tener algo que nos justifique en caso de fracaso.

Sigue tus miedos

El miedo al fracaso puede ser un gran obstáculo para tus objetivos. Cuando lo experimentamos, imaginamos las terribles consecuencias del fracaso, y esto nos impide actuar o incluso nos impide emprender.

El miedo al fracaso cambia la naturaleza misma de las metas que los empresarios y líderes se fijan. Si el miedo es muy fuerte, tendemos a ir a los extremos. La ansiedad nos hace elegir objetivos muy fáciles o, por el contrario, proponernos tareas imposibles.

¿Cómo reconoces tu miedo al fracaso? Se recomienda prestar atención a los siguientes síntomas comunes:

1.   El fracaso te hace preocuparte por lo que los demás piensen de ti.
2.   Empiezas a dudar de tu capacidad para lograr lo que quieres.
3.   Al experimentar el fracaso, te preocupa que las personas que te rodean pierdan interés en ti.
4.   El fracaso te hace dudar de tu mente y talento.
5.   Tienes miedo de decepcionar a las personas cuya opinión valoras.
6.   Le dices a la gente con anticipación que no esperas el éxito para que no esperen demasiado de ti.
7.   Al enfrentar el fracaso, no sabes qué necesitas cambiar en tus acciones para tener éxito.
8.   Antes de un evento importante, te sientes mal, por ejemplo, con un dolor de cabeza que te impide utilizar todo su potencial
9.   Regularmente te distraes con tareas no esenciales y no urgentes en lugar de concentrarte en lo importante.
10.   Tiendes a posponer las cosas para más tarde y "no tienes tiempo" para muchas cosas.

Analiza tu comportamiento durante varios meses. Es posible que no notes la ansiedad irracional que te impide alcanzar tus objetivos. Entender el problema puede ser el primer paso para solucionarlo.

Aprende a aceptar las emociones

El miedo es normal, el significado evolutivo de esta emoción es proteger contra los peligros. No debes reprocharte la manifestación de emociones, es importante cómo reaccionas ante ellas.

Comprende y acepta el miedo, en sí mismo no es bueno ni malo, pero puedes beneficiarte de él. Esta emoción nos protege de acciones peligrosas y nos ayuda a priorizar. Si tienes miedo al fracaso, entonces tu objetivo es realmente importante. Darse cuenta de esto y luego seguir adelante.

Encuentra la fuente de la alarma

Para comprender la naturaleza de la ansiedad, debe encontrar su fuente: la zona de vulnerabilidad potencial que protege el miedo. Analiza tus sentimientos. Por ejemplo, si te preocupa la incapacidad del equipo para hacer el trabajo, busca un contratista externo que lo respalde. O envíe a sus especialistas a cursos de formación avanzada.

Asegúrate de estar realmente asustado

A veces, el miedo es simplemente una excitación mal entendida porque estas respuestas fisiológicas son muy similares. El miedo no solo puede disuadir, sino también motivar. Aprecia cómo te sientes en este momento. Por ejemplo, puedes tener miedo, pero al mismo tiempo sentir el deseo de actuar; lo más probable es que se trate de una excitación motivadora. Por el contrario, cuando tienes miedo y quieres renunciar por eso, probablemente te enfrentas al miedo al fracaso. Si la segunda opción resultó estar más cerca de ti, intenta reformatearla conscientemente, convierte el miedo en una reacción positiva.

Imagina superar un obstáculo

Hacer frente al miedo al fracaso ayuda al pensamiento positivo y la visualización de obstáculos. Piensa en una situación en la que tengas miedo de no tener éxito. Imagina enfrentar problemas, experimenta las emociones que pueden evocar en ti.

Luego avanza mentalmente. Tómate unos minutos para planificar tus acciones: ¿qué harás para superar las dificultades? Juega y vive toda la situación en tu imaginación. Estos ejercicios ayudan a aliviar la ansiedad. Escúchate a ti mismo: probablemente encontrarás que el miedo al fracaso ya no se siente con tanta fuerza.

Haz una tabla de miedos y suple la falta de información

Se recomienda poner las emociones ansiosas por escrito y crear una estrategia para calmar los miedos en una hoja de cálculo. Primero, escribe la situación inicial que te asusta.

- **Primera columna**: "¿De qué tengo miedo?" Haz una lista de todos los miedos asociados con la situación original. Imagina el peor de los casos en el que, literalmente, todo salió mal. Escribe tantos párrafos como quieras.

- **Segunda columna**: "Cómo prevenirlo". Junto a cada elemento de la primera columna, escribe ideas para prevenir el problema. ¿Qué se puede hacer para reducir los riesgos, cómo asegurarse?

- **Tercera columna**: "Cómo resolverlo". Frente a los elementos de la primera columna, escribe lo que harás si esto sucede. ¿Tal vez será posible mitigar parcialmente el daño o pedir ayuda a alguien?

El miedo al fracaso es un sentimiento irracional que se puede superar simplemente traduciendo la situación en un canal racional. Como resultado de crear una tabla de miedos y decisiones, recibirás un plan formado en caso de posibles problemas, que te ayudará a ganar.

Una de las formas efectivas de superar el sentimiento de miedo es estudiar y buscar información sobre el problema actual. La conciencia ayuda a transformar un miedo irracional en una lista de tareas manejables.

La psicología del fracaso: ¿por qué las personas exitosas no tienen miedo de cometer errores?

"Estoy feliz de admitir que he sufrido más derrotas que nadie que conozca." -Scott Adams-

A la mayoría de nosotros nos cuesta admitir que estamos equivocados. Algunos psicólogos explican esto diciendo que el camino desde el estado de "Ni siquiera intentes discutir conmigo" a "Sí, estoy jodido" agota a una persona mucho más que resolver problemas lógicos y acertijos.

El hecho es que, al tratar de repensar sus éxitos y fracasos, una persona, sin darse cuenta, cae una y otra vez en las mismas trampas psicológicas:

1.   **El motivo del fallo está fuera**. Muy a menudo atribuimos nuestros propios fracasos a la influencia de factores externos: la complejidad de la tarea, la falta de tiempo, la falta de información necesaria o "instrucciones superiores" claras, mientras que consideramos que el éxito es el resultado de nuestros propios esfuerzos, experiencia y habilidades previamente adquiridas.

2.   **El fracaso hace que una persona sea menos generosa y receptiva.** El refuerzo positivo, recibido como resultado de la finalización exitosa de cualquier tarea, nos hace estar más atentos a los demás. Cuando fallamos, rara vez tenemos el deseo de sacrificar tiempo, dinero o los frutos de nuestro propio trabajo para acudir al rescate de alguien en el momento adecuado.

3. **Literalmente no podemos admitir que estamos equivocados.**
"... la frase "Me equivoco" es lógicamente incorrecta. En cuanto una persona se da cuenta de que está equivocada, deja de estarlo, porque para que una

creencia sea reconocida como falsa, hay que dejar de creer en ella. Una persona puede estar equivocada y darse cuenta de que estaba equivocada. Así, es más apropiado decir "me equivoqué".

¿Qué dicen las personas exitosas sobre los fracasos?

No es fácil cambiar la actitud hacia los propios errores y aprender a percibirlos como un subproducto de una vigorosa actividad creativa. Es aún más difícil aprender cómo transformar los problemas en formas de resolverlos.

Afortunadamente, muchas personas exitosas con estas habilidades están felices de hablar sobre lo que es el fracaso y por qué les gusta estar equivocados.

Tratamos el fracaso casi igual que tratamos la muerte: entendemos que tarde o temprano esto nos pasará a todos, pero no sabemos cómo ni cuándo. Se ha arraigado en nuestras mentes la falsa noción de que un error es algo tan raro y anómalo que cada vez que ocurre, caemos en una profunda desesperación. De hecho, el error es evidencia de nuestra capacidad para adaptarnos a un entorno cambiante, y no evidencia de inferioridad mental y psicológica.

Estamos acostumbrados a que podemos hacer frente a cualquier dificultad con la ayuda del dinero y la tecnología, podemos deshacer la última acción con la combinación de CTRL + Z o darnos de baja del boletín desmarcando el lugar correcto. Hay muchas cosas que suceden en la vida que queremos cambiar desesperadamente pero aún no podemos.

En una entrevista con CNBC, Sarah Blakely, la mujer multimillonaria más joven de la revista Forbes y fundadora del imperio de lencería Spanx, habla sobre cómo su amor por cometer errores la ayudó a construir su propio negocio.

"Mi padre siempre alentó el fracaso. Todas las noches, cuando regresaba a casa, me preguntaba: "¿Qué no te funcionó hoy?". Mi padre me ayudó a comprender que el fracaso es principalmente la inacción. Esto es lo que me permitió sentirme libre, extender mis alas y alcanzar el éxito".

Scott Adams, creador de la serie de cómics Dilbert, tiene una perspectiva notablemente positiva de los reveses y fracasos. Probablemente todo porque su historia y la historia del personaje que creó comenzó con una decepción.

"Si un día encuentro heces de vaca en mi puerta, es poco probable que sienta satisfacción, preparándome mentalmente para el hecho de que esta situación puede repetirse. No. Tomaré una pala y lo llevaré todo al jardín, con la esperanza de que la vaca regrese todas las semanas y nunca tendré que comprar fertilizante".

El fracaso es solo un recurso que puede y debe administrarse. Nuestro universo está lleno de suerte, solo mantén la mano arriba hasta que sea tu turno. Con esto en mente, tratarás el fracaso como un nuevo camino, no como una barrera infranqueable.

En lugar de una conclusión: aprende de los errores

Nadie puede obligarte a cambiar tu actitud ante los fracasos y errores, porque para aprender a pensar diferente, se necesitará mucho tiempo y esfuerzo. La única forma en que podemos ayudarlo es empujarlo en la dirección correcta con algunos consejos útiles:

1. Diario de errores

Para empezar, trata de registrar todos tus errores, indicando dónde y en qué circunstancias los cometiste: en el trabajo, en casa, en la tienda, ¿fue una decisión espontánea o te arriesgaste deliberadamente? Un informe detallado te ayudará a identificar los patrones desafortunados de tu comportamiento y deshacerte de los malos hábitos lo más rápido posible.

2. Revisión de errores pasados

Tómate un tiempo para reflexionar sobre los fracasos del pasado, cómo afectaron tu vida y qué te enseñaron. Quizás muy pronto llegarás a la conclusión de que tus errores "fatales" fueron más motores de progreso que algo de lo que valiera la pena arrepentirse durante tanto tiempo.

3. Experimenta

Una persona debe percibir el proceso de toma de decisiones como un experimento. Constantemente nos preocupamos por cuán racional resultará esta o aquella elección, mientras que no importa en absoluto cuán fatídicas puedan ser sus consecuencias. Trata cada decisión que tomes como otro experimento, porque cuando experimentamos, solo estamos tratando de averiguar qué sucederá a continuación.

En este caso, todo se reduce a las pruebas habituales y no a la toma de decisiones. No suena tan aterrador, ¿verdad? Cualquier resultado obtenido como resultado de un experimento es solo alimento para el pensamiento. Y si no hay riesgo de fracaso, entonces no hay nada de qué preocuparse".

Capítulo 2
¿Cómo recuperarse del fracaso?

El fracaso casi siempre nos llena de emociones negativas: abatimiento, desánimo, tristeza, ira... Sí, antes de asegurarte que el fracaso es un trampolín formidable, reconozcamos ante todo que siempre es duro. Y si es un primer fracaso, es aún más difícil.

¿Quieres quedarte a los pies de tu cama, llorar todo el día, no ver a nadie o, por el contrario, gritar tu dolor? ESTÁ BIEN. Durante unas horas, tienes que beber esta poción amarga y dejar que tus lágrimas fluyan.

Antes de rebotar, hay un salto hacia abajo, ¿no?

¡Cuidado con la pérdida de autoestima!

Pero el riesgo, si lloras demasiado, es dejarte llevar por las emociones muy fuertes que te embargan. El desánimo, la ansiedad y, sobre todo, la pérdida de confianza en uno mismo.

La herida de la autoestima puede ser tan vivaz que algunas personas casi pierden toda autoestima, e incluso el gusto por la vida

Otra reacción común es la fuga: Podemos huir a viajes lejanos, adicciones, al olvido o, tras un fracaso amoroso, emprender repetidas aventuras sentimentales.

Obviamente, estas son pistas falsas, que realmente no te permitirán recuperarte porque estás negando la herida en lugar de curarla. El fracaso no se puede negar. Más bien es necesario analizarlo, extraer de él los elementos para construir otras estrategias.

Analizar el fracaso para digerirlo mejor

Sé franco contigo mismo: ¿dónde están las causas de este fracaso? Así que deja tus emociones a un lado un poco, y oblígate a mirar tu fracaso a la cara, como un objeto externo, luego trata de analizarlo.

¿Por qué fallaste? ¿La meta que te propusiste fue demasiado alta? ¿Tenías el perfil correcto? ¿Estás realmente motivado? ¿Y has puesto todas las posibilidades de tu lado? Responde a todas sus preguntas con honestidad, sé sincero contigo mismo.

Un ganador es una persona que sabe elegir sus peleas, todos los entrenadores te lo dirán. En términos de estudios o de vida profesional, por lo tanto, es fundamental saber si has elegido la orientación adecuada, es decir, la que lo motiva y para la cual tienes las habilidades y talentos necesarios.

Aprende las lecciones correctas

El punto no es vivir con el fracaso, sino aprender de él todas las lecciones posibles para el futuro. En caso de fracaso sentimental, no le eches toda la culpa al otro, pero reconoce también tus defectos y tus errores.

En el ámbito profesional o estudiantil, identifica claramente los motivos que te hicieron fracasar. Y tómalo en cuenta para no volver a empezar.

No te conformes con buenos propósitos ("el año que viene, está decidido, aprendo mis lecciones desde el principio"), sino que pones en marcha los medios concretos que te faltaban para triunfar. Agenda, lectura, trabajo, nuevos hábitos de vida... ¡Para ir a la guerra y salir victorioso, es mejor tener las armas adecuadas!

No te quedes solo

Para recuperar la confianza en sí mismo, debes confiar en tus puntos fuertes, tus cualidades, tus éxitos anteriores o adicionales. El fallo que acabas de sufrir tiende a cubrirlo todo, pero poco a poco irá ocupando menos espacio. Para ayudarte, piensa en lo que has logrado hasta ahora, en las cualidades que los que te rodean aprecian en ti...

Lo ideal es hacer este trabajo con una persona externa, que te ayudará a ser objetivo: un miembro de tu familia, un amigo, un orientador, un entrenador. No debes quedarte solo ante tu fracaso. Por el contrario, algunas personas realmente pueden ayudarte a levantarte mirándote con una mirada que te vea como un todo, con todo tu potencial.

Construir un nuevo proyecto

A partir del análisis de tu fracaso y de tu personalidad, construirás un nuevo proyecto.

Al igual que la chispa que vuelve a poner en marcha el motor, este foco en tus cualidades y puntos fuertes suele ser suficiente para volver a ponerlo en marcha. El análisis de tu fracaso combinado con esta evaluación te muestra nuevos caminos a seguir: puedes así construir un nuevo proyecto, más acorde con tu personalidad, y por tanto más motivador.

Amplía tus horizontes, ábrete a nuevos proyectos

Los caminos exitosos a menudo están plagados de fracasos... Pero la buena noticia es que no estás solo al experimentar esto. Casi nunca hay un curso de vida sin fracaso.

Pregúntale a algunos adultos mayores hoy cumplidos en su trabajo. ¡Sorpréndete con la sinuosidad de su itinerario! En materia profesional, muchas veces tienes que poner fin a tu primer proyecto y renunciar al trabajo de tus sueños para abrirte a otro proyecto. ¡Recuerda que no hay un solo trabajo para ti, sino muchos trabajos o sectores profesionales que podrían encajar contigo!

Escuelas y sectores profesionales multiplican ahora las pasantías y cursos de formación que permitan reciclarse o aprender un oficio en pocos meses, como por ejemplo en las nuevas escuelas digitales.

Lo mismo se aplica al amor: ¡no hay una sola persona hecha para ti! Después de un fracaso sentimental, sin embargo, evita recomenzar de inmediato en la conquista, porque en esta materia el éxito nunca está asegurado y un nuevo fracaso podría hacer que te sumerjas de nuevo.

Establece metas pequeñas para el éxito, se ágil

En su lugar, establezca metas de éxito pequeñas que sean muy fáciles de lograr. Organiza un viaje, redecora tu habitación, vuelve a hacer deporte... ¡Y felicítate cuando lo hayas conseguido!

Este es también el método que proponen la mayoría de los entrenadores para liberarse de ideas negativas, como la idea errónea de que echarás de menos todo lo que haces.

El fracaso es una herida que no debe negarse, sino curarse con cuidado y paciencia. Si todavía te sientes frágil, ve a lo seguro, ve paso a paso. Te recuperarás, sí, pero no necesariamente cruzando una barra súper alta como un campeón de una sola vez. Porque recuperarse no es "vengarse" por orgullo, sino confiar en tus buenos motores de motivación y encontrar gradualmente tu verdadero camino hacia el éxito.

Así te liberarás de la mirada ajena, cruzarás hitos y recuperarás la confianza en ti mismo. Entonces serás más fuerte frente a los fracasos que encontrarás, o, mejor dicho, más ágil, más resiliente, más flexible, más maduro... Podrás "tener éxito en tu vida", navegando a través de los fracasos.

Cómo sanar el trauma del fracaso

El fracaso afecta negativamente nuestra autoestima y confianza en nosotros mismos, y también nos inspira la idea de que las metas son inalcanzables. Distorsionan nuestra percepción, infunden una sensación de desesperanza y nos hacen rendirnos.

De hecho, las llamadas a ver lo bueno en lo malo, cuando aún no nos hemos alejado de la decepción, pueden causar malentendidos e irritación. Sin embargo, la forma más efectiva de sanar el trauma psicológico del fracaso es aprovecharlo:

1. El fracaso es un gran maestro

"Sufrí un contratiempo tras otro", dijo el inventor Thomas Edison. "Gracias a ellos supe de la existencia de mil cosas que no funcionan". El fracaso siempre nos dice qué debe cambiarse para completar con éxito una tarea.

2. El fracaso nos abre nuevas oportunidades

Las dos primeras compañías automotrices de Henry Ford quebraron. Si no fuera por esto, es posible que no hubiera probado la idea de la línea de montaje que lo convirtió en uno de los hombres más ricos de Estados Unidos.

3. El fracaso nos hace más fuertes

Nos hace cambiar algo en nosotros mismos, dejar de ser pasivos, ganar control sobre nuestra vida.

Cuando los fracasos se suceden uno tras otro, puede parecernos que no tenemos control sobre nada y estamos literalmente condenados al fracaso. De hecho, si estamos convencidos de que nada más depende de nosotros, lo más probable es que abandonemos el juego o hagamos un esfuerzo mínimo.

Sin embargo, la tragedia del fracaso es que muchas de las ideas y suposiciones que nos llevan a concluir que no tenemos control sobre nuestras vidas, en realidad están equivocadas.

Además, cambiar nuestro punto de vista y trabajar aquellos aspectos de la situación que están bajo nuestro control nos devuelve la esperanza, nos devuelve la motivación y aumenta la autoestima. En algunos casos, basta con acceder a información que desmienta nuestros delirios para salir de un estado de parálisis.

Capítulo 3
¿Qué es la resiliencia?

En psicología, es la capacidad que tienen las personas para recuperarse y mantener una conducta adaptativa después de haber vivido un suceso estresante. También podría ser entendida como la habilidad para mantener una actividad adaptativa de las funciones físicas y psicológicas en situaciones críticas.

Las personas que son resilientes tienen la tendencia a obtener mejor rendimiento de los acontecimientos vitales estresantes, incluso en ocasiones son capaces de aprender destrezas nuevas a partir de dichos sucesos negativos.

Además, está relacionada con tener una mejor salud mental y física. Es considerada equivalente a la invulnerabilidad, el crecimiento personal postraumático, la resistencia al estrés y la adversidad.

¿Qué son las estrategias de afrontamiento?

Como hemos visto, existen diversas maneras de superar los problemas y todo dependerá de las estrategias de afrontamiento que cada uno lleve dentro de sí. Las estrategias de afrontamiento son tácticas que nos hacen actuar de una determinada manera ante sucesos negativos o estresantes.

Por ejemplo, una persona que ha vivido el abandono de su pareja tiene dos opciones. Por un lado, puede sucumbir a la adversidad y quedarse en casa pensando en los motivos de la ruptura. Por otro lado, puede tomar una actitud resiliente y salir de casa para conocer a gente nueva.

Por todo ello, se podría decir que existen dos tipos de estrategias de afrontamiento, las adaptativas y las desadaptativas. La resiliencia estaría situada dentro de las adaptativas.

Otro aspecto a destacar es que la gente que presenta más vulnerabilidades, es decir, las personas que no son resilientes o que tienen estrategias de afrontamiento desadaptativas, no pueden entender la conducta de las personas resilientes. Por ello, en muchas ocasiones, las personas resilientes son vistas de manera negativa. También pueden ser juzgadas y catalogadas como personas frías y que no tienen sentimientos. Sin embargo, esto no es real.

Ser resiliente no quiere decir que no nos importe lo que ha ocurrido o que seamos personas frías o sin sentimientos. Si no que decidimos reponernos rápidamente y no dejarnos llevar por la negatividad del infortunio.

¿Qué nos hace ser o no ser resilientes?

La resiliencia no es una habilidad o capacidad absoluta que se adquiere de una vez y que es para siempre. Es el resultante de la interacción constante entre el individuo y su entorno y se puede entrenar con una serie de estrategias que se explicarán más adelante.

Aun así, existen diversos factores de riesgo y factores protectores que nos harán ser más o menos resilientes. Los factores protectores son aquellos que favorecen la aparición de la resiliencia como, por ejemplo:

- Vivir en un entorno con personas resilientes.
- Tener autocontrol emocional.
- Tener un autoconcepto positivo.
- Gestionar los conflictos de una forma adecuada.
- Controlar los impulsos.
- Ser personas positivas.

Los factores de riesgo son aquellos que no favorecen la aparición de la resiliencia. En este caso serían los contrarios a los protectores como, por ejemplo: no vivir en un entorno con personas resilientes, ser negativos, tener un mal autocontrol y autoconcepto o no tener un buen control de impulsos.

Como se puede ver, la noción de resiliencia abarca las características psicológicas y biológicas intrínsecas para un individuo. No obstante, estas pueden ser modificadas para tener una mayor protección contra el desarrollo del estrés.

¿Qué características tienen las personas resilientes?

Estas personas aceptan la realidad e intentan darle sentido a lo que les está ocurriendo por muy negativo que sea. Son personas que, entre otras cosas:

- Saben localizar sus propios problemas.
- Son optimistas.

- Controlan sus impulsos.
- Tienen autocontrol emocional.
- Ven las situaciones adversas como oportunidades para aprender.
- Son empáticas.

Una de las características más importantes es que aceptan la realidad tal y como se presenta. Es decir, no minimizan ni maximizan las consecuencias de lo que les ocurre. En definitiva, son personas objetivas.

¿Qué beneficios tienen las personas resilientes?

Existen muchos beneficios derivados de ser una persona resiliente como, por ejemplo:

- Tener menos trastornos del estado del ánimo o depresión.
- Saber hacerle frente a todo tipo de situaciones.
- Gozar de mejor salud física y mental.
- Vivir más satisfechos.
- Tener mejores resultados en el trabajo y en la vida diaria.
- Aceptar a las personas sin criticarlas ni juzgarlas.
- Ayudar a las demás personas a tomar una actitud positiva ante la vida.
- Tomar más riesgos en la vida.

¿Cómo desarrollar la resiliencia? Claves para ser resiliente

Ser resiliente es un proceso largo que requerirá mucho aprendizaje de nosotros mismos. Aquí algunas claves para ser una persona resiliente:

- **Tener conocimiento de uno mismo**

Es importante que nos conozcamos, tenemos que saber qué nos afecta de manera negativa y trabajar en ello. Debemos crear una imagen de nosotros mismos de capacidad y fortaleza que nos permita vernos con los recursos necesarios para gestionar situaciones adversas. Para ello, tendremos que analizar nuestras habilidades y nuestras debilidades.

- **Tener autocontrol emocional**

No se trata de no llorar o de no sentir, se trata de aceptar que podemos hacerlo. Tenemos que aprender a llorar, gritar, etc. Pero a la misma vez, tenemos que regular y encaminar estas emociones para poder fortalecernos.

- **Poseer control de impulsos**

Tenemos que aprender a detectar los primeros indicios de tensión para poder parar a tiempo los impulsos que se generan justo después del acontecimiento. Se debe tomar distancia de los pensamientos para que no actúen por nosotros.

A veces actuamos sin pensar y esto hace que tomemos decisiones erróneas que tienen graves consecuencias para nosotros. Si tomamos distancia de las situaciones tendremos la oportunidad de reflexionar sobre lo que ha pasado y podremos tomar decisiones que no generen consecuencias negativas.

- **Mostrar actitud positiva**

Tener una actitud positiva en el día a día es algo fundamental para poder ser una persona resiliente. Cuando nos pasa algo negativo lo vemos todo "muy negro" y pensamos que nunca más podremos volver a ser las personas que éramos antes de que nos ocurriese el suceso. Sin embargo, si analizamos la situación y la tratamos con fuerza y optimismo nos daremos cuenta de que todo pasa y de que no todo es tan terrible como nos parecía en un principio.

- **Ser realista y aceptar la realidad**

Como hemos visto, las personas resilientes son objetivas. Tenemos que aprender a analizar las consecuencias de los problemas de una manera objetiva y sin maximizar o minimizar las consecuencias de lo que ha ocurrido. Tenemos que aceptar la realidad tal y como se presenta.

- **Aprende a crecer de los problemas**

Existe un dicho popular que dice que de todo lo malo se aprende. Debemos analizar lo que nos ha pasado, por muy malo que sea, y extraer un aprendizaje de ello. Las personas resilientes contemplan las situaciones negativas como procesos de aprendizaje sobre ellos mismos.

- **Tener sentido del humor**

Tener sentido del humor y reaccionar de manera positiva es muy importante. Una vez que el suceso estresante ha ocurrido y que no podemos hacer nada por evitarlo, el cómo nos comportemos nos afectará psicológicamente en los días posteriores. ¡Aprende a reírte de los problemas!

- **Entrena tu resiliencia.**

Si quieres ser una persona resiliente y no sabes cómo lograrlo, pide ayuda. La terapia psicológica no es solo para el tratamiento de dificultades o de trastornos mentales. La terapia también te puede ayudar a desarrollarte como persona de una manera positiva.

La sociedad tiene tendencia a patologizar la psicología. Es decir, se asocia la terapia con tener algún problema. Sin embargo, no siempre es así y puede guiarte en un bonito proceso de autoconocimiento.

En resumen, ser una persona resiliente tiene muchos beneficios entre los que destacan tener mejor salud mental y física. Existe una serie de factores que puede hacer que tengas más o menos predisposición a ser o no ser resiliente, pero ten presente que es una habilidad que se puede entrenar.

Capítulo 4
Cómo superar una ruptura

Una ruptura es una pequeña muerte muy dolorosa de experimentar. Pero podemos curarlo siempre que sigamos las etapas de este duelo para abrirnos de nuevo a la vida y al amor.

Nuestros corazones se rompen. Nuestros esfuerzos, sean sanos o no, han fracasado. Somos menospreciados, rechazados después de dar lo mejor de nosotros. La persona que más amamos en el mundo nos niega su amor; es un drama.

¿Qué hacer, qué decir, cómo volver a vivir preguntan los más jóvenes que ven por primera vez morir una historia de amor?

- **Deja que fluyan sus lágrimas, reconoce su dolor**

El primer paso es bastante natural: es bueno dejar fluir las lágrimas, no guardar este flujo tumultuoso dentro de ti, poner en palabras tu sufrimiento y reconocerlo.

A menudo, podemos sentirnos tentados a negar el dolor para protegernos. Huir del trabajo, del alcohol, de las drogas. Pero el dolor seguirá regresando y corre el riesgo de lastimarte aún más.

Es cierto que el sufrimiento no está muy de moda. A menudo, quienes te rodean también se empeñan en negar tu dolor con torpes palabras: "No te pongas en

tal estado, no valió la pena", "Vete, distrae tu mente"...
Y, sin embargo: En el corazón de la angustia, el
reconocimiento del dolor es un pasaje esencial para
lograr el duelo. Las lágrimas salvan vidas, ¡así que llora
y no tengas miedo de hablar y expresar tu dolor!

- **Expresa todas tus emociones, confía**

Al mismo tiempo, no te encierres en tu torre de marfil.
Expresarás mejor tus emociones si puedes
compartirlas con alguien.

Intenta encontrar un oído amable y discreto o, si no,
únete a un foro de discusión, o llama a un sitio de
escucha anónimo. Si estás muy mal y te dura, tampoco
dudes en consultar a un psicólogo ...

Hablar con alguien te calma gradualmente. La tristeza
sigue ahí, pero es menos intensa y es menos probable
que te sofoque.

- **¡Deja de repetir recuerdos!**

Hablar con alguien también ayuda a no repetirte una
y otra vez las mismas preguntas: "No sé por qué me
dejó, no me culpaba de nada, le hacía tantas
preguntas... pero no obtenía ninguna respuesta".

Para no repetir estas mismas preguntas una y otra vez,
para escapar de la tortura de los recuerdos, trata de
cambiar un poco tus hábitos: si puedes, elimina los
objetos que te hagan pensar en tu ex, no regreses a los
lugares donde han vivido cosas juntos, cambiar de
aficiones, lugar de relax, decoración, grupo de
amigos...

- **Punto de vigilancia**

Sin embargo, evita tomar decisiones demasiado importantes o irremediables mientras estés bajo la influencia de las emociones. No es en la tormenta donde se puede hacer un balance con calma.

No cambies de trabajo, de carrera, no te vayas de viaje al otro lado del mundo impulsivamente, sino sigue el rumbo de tu vida y deja que el tumulto de tu corazón se calme poco a poco. Entonces podrás abrirte a nuevos caminos.

- **Se acabó: Deja de intentar recuperar a tu ex...**

Por lo tanto, uno de los primeros pasos en la curación es admitir la ruptura... y, por lo tanto, dejar de intentar recoger las piezas de la relación. La nostalgia de los buenos momentos vividos juntos mezclada con la esperanza de reconquistarlo te mantiene en aprietos. Sigues mirando hacia atrás, lo que no te ayuda a avanzar. Si te han dejado, también debes aceptar este gran sentimiento de pérdida de control, incluso de injusticia que sientes.

"El realismo es el primer paso a dar. Es en esta fase en la que lloramos a la pareja que hemos formado. Da vuelta a la realidad.

Así que acepta encontrarte solo, aún soltero y sin amante. Claro que es un poco duro, pero también te da una libertad que hay que saber disfrutar. A veces, además, era la falta de libertad lo que provocaba la ruptura.

Y, además, tu pareja, tu amor, ¿era tan extraordinario? El regreso a la realidad es también una oportunidad para dar un paso atrás. ¿No lo idealizaste un poco? Muchos jóvenes piensan que él (ella) era romántico, enamorado, pero sin ninguna prueba real de su pareja, las palabras nunca se dijeron abiertamente. Es hora de echar un vistazo más objetivo a la persona que amabas y la relación que tenías. Esto hará que te sea más fácil decirte a ti mismo que se acabó.

- **Conocerse mejor, ganar madurez emocional**

La ruptura es una herida emocional que en ocasiones puede despertar en algunas personas heridas de la infancia y viejos miedos.

Las personas que han sufrido (en su infancia) el sentimiento de abandono son las más afectadas por las rupturas. Aquellos que han sido objeto de burlas o humillaciones y carecen de confianza en sí mismos también pueden sentirse muy devaluados por la ruptura o el abandono.

Si las separaciones se repiten y sufres mucho, esta es una oportunidad para reflexionar sobre tus debilidades, quizás con la ayuda de un psicólogo. Por cierto, algunos también entienden mejor su responsabilidad en la ruptura. Aprende de tu experiencia amorosa "fallida": conócete mejor, comprende qué esperas del amor, qué funciona y qué necesitas cambiar.

¡Al final, puedes salir más maduro y mejor equipado para triunfar en otra historia de amor!

- **Redescubrir las alegrías de la amistad.**

Luego llega el momento de sanar, de abrirse de nuevo a la vida. Así podemos redescubrir las alegrías de la amistad: tomar tiempo para nosotros, para nuestros amigos. Es importante estar rodeados. Es un proceso que te permite darte cuenta de que aún puedes divertirte. Esto te permite encontrar una motivación que a veces se pierde. Pero los amigos no son solo para divertirse o entretenerse. Amistad, un verdadero lugar de relación, confianza, complicidad, intercambio y afecto. Tener proyectos (viajes, acción) con amigos reales te permite reconstruirte cuidadosamente, antes de relanzarte en una nueva relación romántica. En la amistad se aprende a dar y recibir, a discutir, a confiar, a aceptar a los demás tal y como son e incluso a ser fieles.

- **Avanzar para recuperar la confianza en uno mismo**

Otro paso esencial es recuperar la autoestima. Márcate un nuevo objetivo que alcanzar. Esto puede afectar tanto a tus estudios como a un deporte. Una actividad que te demuestre que puedes triunfar muy fácilmente sin ella (o él).

¿Y por qué este desafío? Sencillamente porque la herida emocional puede haber afectado la imagen que tienes de ti mismo y tu capital de confianza: "Apesto", "No soy lo suficientemente bueno para ser amado", "Nunca podré interesar a nadie", etc.

Tienes que ahuyentar esos pensamientos oscuros, en lugar de arrojarte a los brazos del primero que llega, y esperar que te salve.

Errores a evitar

•   **Reubicarse a toda costa**: una "relación Kleenex" no le traerá más que una caída en tu autoestima. Al contrario, "aprende a respetarte y hazte respetar". Aprovecha este tiempo de "celibato" para reflexionar sobre lo que quieres del amor y de la vida.

Utilizar a alguien para que nos limpie las lágrimas de nuestras relaciónes pasadas, se da muy frecuentemente. El dolor y soledad que nos deja una relación, no es fácil de abordar y mucho menos de superar, conlleva mucho sufrimiento y estas sensaciones especialmente la de abandono nos hace elegir a otra persona como remedio para sanar nuestras heridas, aunque en el interior tengamos la certeza de que no lo amamos, que tal vez le tenemos cariño pero que difícilmente llegaremos a enamorarnos.

Lacan decía que nos enamoramos de aquellos que cubren nuestras faltas, al momento en que dejamos a nuestra pareja se abren aún más faltantes, la seguridad, protección y compañía son de los principales, por lo que al primero o primera que nos hace ojitos es fácil que le hagamos caso, porque estamos necesitados y además de eso estamos heridos, siempre será más fácil que el otro me cure a que yo asuma la responsabilidad y sane mis heridas. Entonces entramos en una relación donde el otro siempre tiene que dar, tiene que convencernos, tiene que sanarnos, por nuestra parte no nos sentimos del todo satisfechos, sentimos culpa, vacíos y especialmente sabemos que las cosas no van a durar. Herimos al otro con nuestras actitudes, salimos y no estamos bien, nos sentimos aún melancólicos y mal por el duelo que aún no hemos resuelto. Al final dejamos pasar el tiempo, nos encariñamos, pero sabemos que no estamos bien, ya nos sentimos mejor y lo único que pensamos es en estar libres y solos. Por eso ellos son Kleenex (pañuelitos descartables) que nos sanan y los tiramos. Antes de hacer esto busca ayuda y resuelve tu duelo para poder disfrutar de una relación sana.

• **Idealizar a la persona que te dejó**, pensando que si la sigues amando volverá a ti. Algo que, en la mayoría de los casos, no funciona y que provoca aún más sufrimiento.

• **Quieres venganza**. Por lo general, esto cae en nuestras narices, porque la venganza nos mantiene enfocados en el pasado, lo que agrava la herida en lugar de curarla.

• **Intentar dar celos**. Si la persona te dejó, no tiene ningún efecto. Y nuevamente, te impide pasar la página y seguir adelante. Ahora sabes lo que tienes que hacer para salir de este doloroso pasaje.

Un amor sin ruptura, ¿es posible?

La ruptura se curó, estás listo para una nueva aventura. Ahora es quizás el momento de analizar el camino recorrido y aprovechar los errores del pasado. El tiempo especialmente para reflexionar sobre tu proyecto de vida.

Para construir una pareja duradera, el sentimiento de amor, incluso muy fuerte, no puede ser suficiente. Hay que construir un proyecto en común y comprometerse juntos para lograrlo.

Entonces, ¿qué quieres vivir? ¿Y qué ya no quieres volver a vivir? Si lo sabes, es posible que tu ruptura le haya enseñado más sobre ti. Un gran paso para construir un proyecto de pareja que perdure.

Capítulo 5
Camino al éxito

Cómo convertir el fracaso en victoria

A nadie le gusta ser derrotado, experimentar una mala racha. En la sociedad actual, donde es costumbre competir y compararse con otras personas todo el tiempo, el fracaso parece especialmente doloroso, literalmente tirando el suelo bajo tus pies. Sin embargo, los psicólogos dicen que el fracaso puede ser tan bueno para el éxito en la vida como... ir al dentista por salud también es desagradable, ¿no? Solo es importante aprender a tratar correctamente sus propios fracasos y sacar experiencia de ellos.

Hay una parábola muy conocida sobre el vendedor de limones, que se da en uno de sus libros por Dale Carnegie. Cuando este comerciante se dio cuenta de que con el calor sus bienes no vendidos se echaban a perder, comenzó a actuar y no a llorar su futura bancarrota. "Exprimí el jugo de los limones, lo mezclé con azúcar, agregué agua fría y obtuve limonada, que era increíblemente popular entre los clientes, especialmente en el calor". Por lo tanto, una nueva mirada y empresa permitieron al comerciante convertir su fracaso en éxito.

Por supuesto, esto no es siempre así. Pero es necesario esforzarse para que la experiencia negativa recibida nos haga más fuertes. ¿Cómo se puede lograr esto?

- **Regla uno. Acepta el fracaso separándolo de tu personalidad**

Para seguir adelante, es muy importante poder hacer frente a las experiencias negativas y las preocupaciones. Por lo tanto, si no fuiste a la universidad, te despidieron de tu trabajo o tu novia te dejó, no te apresures a diagnosticarte con "No soy bueno, soy un perdedor".

Por supuesto, al principio necesitarás tiempo para hacer frente a una ráfaga de emociones. ¿Qué es lo que más probablemente sientes cuando experimentas un fracaso?: vergüenza y miedo: eso es lo que un adulto suele experimentar en este caso. Así como diferentes derivados de ambos: "¿Qué pensarán los demás de mí?", "¿Cómo miraré a los ojos a los compañeros (o amigos, o padres)?", "¡Se reirán de mí (decepcionados de mí)!", "¿Qué pasa si no vuelvo a tener éxito?".

Pero todos cometemos errores, todos fallamos, y esto no dice nada sobre tu personalidad y tus habilidades en general. Los psicólogos dicen que cuando una persona ha experimentado un fracaso, incluso una personalidad muy fuerte se debe dar de 2-3 a 48 horas para experimentar la situación de forma independiente. Independiente - no necesariamente solo. Es más fácil para alguien estar en presencia de una persona que comprenda sus emociones, pero que no trata de influir en la intensidad y profundidad de las experiencias.

Buen consejo: trate de contarle lo que sucedió a uno de sus amigos que no se apresure a consolarlo de inmediato, sino que sepa escuchar y empatizar. Si no hay tal persona cerca, utilice un psicólogo o un servicio psicológico telefónico anónimo. El dolor de la derrota, el colapso de todo, el estado de desesperanza: todo esto es una reacción normal de la psique en las primeras horas posteriores al incidente. Pero un psicólogo te ayudará a alejarte del fracaso. Percibirlo simplemente como un resultado negativo inesperado, como separado de tu personalidad.

Una técnica psicológica muy conocida es imaginar cómo percibirás esta situación un año después. ¿Y después de 10 años? ¡Aléjalo mentalmente de ti y te sentirás mejor!

- **Regla dos. Comprender cómo y por qué sucedió.**

Es muy importante hacer efectiva tu experiencia de fracaso. Es decir, comprender qué salió mal exactamente para evitar que esto suceda en el futuro.

En esta etapa, debes excluir los reflejos de que supuestamente solo tienes "mala suerte". Esta palabra es solo una defensa psicológica, una señal de que inconscientemente no quieres analizar la situación y buscar las razones de tus fallas en ti mismo. Esto significa que no cambiará nada en ti mismo y estás condenado a nuevos fracasos.

Incluso si hubiera un elemento de azar en tu situación, aún es más útil establecer "no hay accidentes". Es importante entender que cualquier éxito, como cualquier fracaso, nos toca en suerte porque ponemos un poco de esfuerzo en ello. El fracaso es la consecuencia de una cadena de nuestras acciones y decisiones. Algunas de ellas tenían razón, otras estaban equivocadas, pero estas fueron nuestras acciones y decisiones, y no las de otra persona.

El razonamiento debería ser algo así: "¿Qué podría haber hecho para evitar esta situación? ¿Y qué no hice? ¿Qué no se tuvo en cuenta? ¿Qué en mis acciones me llevó a tal accidente? Aceptar tus fracasos, comprender las raíces de lo que está sucediendo es una parte importante del futuro movimiento hacia el éxito.

- **Regla tres. Toma conciencia de tus deseos actuales**

La experiencia de los errores, por extraño que parezca, la necesitamos para comprender lo que realmente queremos en la vida. Por lo tanto, una vez que la experiencia pase a un segundo plano y puedas razonar lógicamente, trata no solo de darte cuenta de lo que estaba mal con tu estrategia anterior, sino también de lo que realmente quieres ahora.

¿Quizás el fracaso ocurrió precisamente porque no estabas implementando tu propio plan de vida, sino que te lo impusieron desde afuera? Muchos objetivos que tomamos como propios, después de un examen más detenido, resultan ser los objetivos de nuestros padres, o amigos, o de la sociedad en su conjunto, la sociedad que nos impuso aquello por lo que debemos esforzarnos.

Es posible que no necesites una posición de liderazgo en absoluto, así como una mujer espectacular y brillante cerca, o mucho dinero en tu bolsillo. Todos estos son objetivos ajenos que pueden dar lugar a una sensación de peligro, ansiedad, miedo de no tener todo esto en ti. De hecho, no quieres todo esto, por lo tanto, los sueños de estas otras personas no se hacen realidad. Tú mismo, sin darte cuenta, creas las condiciones para tu fracaso. Después de todo, ¡necesitas algo completamente diferente!

Esto significa que una situación de fracaso puede permitirte detenerte y preguntarte qué es lo que realmente quieres. ¡Hay casos en que las personas tomaron decisiones de vida verdaderamente brillantes solo cuando no tenían nada que perder! La popular escritora J. K. Rowling, creadora de la serie de libros de Harry Potter, dijo que comenzó a escribir solo después de fallar en todo. En ese momento no tenía trabajo, se divorció de su esposo y se quedó sola con un niño en brazos, y el dinero apenas alcanzaba para que no la echaran de casa por no pagar las cuentas. "No te diré que el fracaso es divertido. Fue un período oscuro en mi vida", dijo en su discurso en Oxford. "Pero los fracasos me ayudaron a separar lo que no era importante. Dejé de fingir ser alguien que no soy y canalicé mi energía en lo único que me importaba". Según ella, el fracaso ayudó a deshacerse del miedo y le dio la libertad de actuar como mejor le pareciera: "El fondo al que llegué se convirtió en la base sobre la cual reconstruí mi vida".

- **Regla cuatro. Desarrolla tu estrategia**

Después de que hayas logrado responderte a ti mismo la pregunta de qué es lo que realmente quieres, es hora de sopesar tus opciones y construir una estrategia para lograr el objetivo.

Si comprendes que realmente necesitas seguir el mismo camino en la nueva etapa, corrigiendo los errores cometidos, ¡entonces tú y las cartas están tus sus manos! Tienes una tremenda ventaja sobre tus competidores: ya tienes la experiencia del fracaso, lo que te hace más inteligente, más sabio, más experimentado. Ya no cometerás errores del pasado.

No te detengas en la estrategia que condujo al fracaso. Corregir el plan, improvisar, descartar aquellos puntos que no se justificaron en las etapas anteriores del camino. El secreto de una persona exitosa radica en el hecho de que, incluso sin cambiar las ideas fundamentales sobre la meta, ajusta hábilmente los detalles de su estrategia.

Si el fracaso te llevó a renunciar a tus objetivos anteriores y hacer algo que realmente te fascina en la vida, entonces deberás desarrollar una estrategia detallada aquí. Escribe primero un plan de tareas muy aproximado, sin cambiarlo por bagatelas. No te avergüences si la implementación de cada una de las tareas te parece difícil o costosa. ¡Simplemente no lo pienses por ahora y no te asustes por nada! Y luego comienza a trabajar en cada elemento del plan, creando un sistema de tareas más pequeñas, luego otras aún más pequeñas que ya puedes completar.

Sucede que es demasiado difícil formular tareas globales. Luego, simplemente describe tres cosas que puedes hacer de inmediato para lograr tu sueño. Y empieza a tomar acción. En el proceso, comprenderás los próximos pasos que debes seguir, y así sucesivamente. Es solo una estrategia diferente.

Regla cinco. Abastecerse de optimismo, pero saber dónde poner las pajitas

Al volver a ingresar al juego después de una falla, es probable que experimentes ansiedad y miedo de otra falla. Esto es normal, pero es importante aprender a transformar estos sentimientos en cautela, compostura, atención. Recuerda que así se desarrolla la intuición, que luego se convierte en el mejor asistente.

Paradójicamente, los psicólogos deportivos dan a los atletas que han sufrido un fiasco la tarea de desarrollar un plan de acción claro y constructivo en caso de un nuevo fracaso. Para que esta tarea no sea un escenario para la derrota, es necesario desarrollar un plan no para la derrota en sí, sino para las acciones posteriores. Así, se elimina el miedo a lo desconocido, lo que reduce el miedo al fracaso y aumenta la confianza en que el problema se solucionará pronto, que hay una salida.

Recuerda, en cualquier caso, cuentas con una experiencia invaluable en la superación de la crisis, lo que significa una gran ventaja frente a los competidores que aún no han experimentado el fracaso y no son capaces de convertirlo en su éxito. Abastécete de fe en lo mejor, paciencia y disposición para luchar, ¡y todo saldrá bien para ti!

Ejemplos de personas que se superaron:

¿Cuánto tiempo lleva tener éxito en su oficio? ¿Qué hacen aquellos que logran sus objetivos de manera diferente al resto de nosotros? John Hayes, profesor de psicología de la percepción en la Universidad Carnegie Mellon, trató de resolver esto.

Desde hace varias décadas, el científico ha ido descifrando el papel del esfuerzo, la práctica y el conocimiento en el trabajo de los mejores, independientemente del campo al que pertenezcan. Después de revisar las acciones de los artistas más talentosos de la historia de la humanidad, como Mozart y Picasso, John trató de determinar cuánto tiempo les llevó alcanzar el nivel mundial en su "nicho de marketing".

Además, el profesor Hayes comenzó a estudiar cómo la elección existencial una vez hecha y la lenta acumulación de vida y experiencia profesional que siguió llevaron a los genios al éxito.

¿Qué más puede aprender sobre los ídolos de la humanidad y cómo utilizar este conocimiento para mejorar sus propios resultados y lograr sus objetivos comerciales?

- **Diez años de silencio**

Comenzando su investigación estudiando a compositores exitosos, Hayes analizó miles de piezas musicales creadas entre 1685 y 1900, tratando de responder a la siguiente pregunta: "¿Cuánto tarda el interés de una persona en la música en alcanzar la fama mundial"?

Al final, Hayes desarrolló una lista de 500 composiciones que fueron interpretadas con mayor frecuencia por orquestas sinfónicas de todo el mundo y que merecidamente se consideran obras maestras en su campo. Un total de 76 compositores crearon estas obras.

A continuación, el científico trazó el auge y la caída de la carrera de cada compositor y calculó cuánto tiempo trabajaron antes de crear sus obras más populares. Sorprendentemente, casi todas estas obras maestras fueron escritas después de 10 años dedicados a la carrera de un compositor (solo 3 obras de la lista en el TOP 500 fueron excepciones, siendo escritas después de 8 y 9 años de hacer música profesional).

No había una sola persona que pudiera crear un trabajo realmente valioso sin dedicar primero una década a ejercicios prácticos. Incluso un genio como Mozart se vio obligado a trabajar durante 10 años antes de crear lo que se convirtió en reconocidas obras maestras. Este período, lleno de trabajo duro y falta de reconocimiento, el profesor Hayes lo llamó "una década de silencio".

En su investigación posterior, Hayes encontró patrones similares en las carreras de artistas famosos y poetas populares. Estos mismos hallazgos fueron confirmados por científicos como el Prof. K. Anders Ericsson, cuya investigación, popularizada más tarde por Malcolm Gladwell, señaló la necesidad de "pasar

10 mil horas antes de convertirse en un experto en su campo".

Sin embargo, cuando Hayes, Erickson y otros profundizaron en este tema, descubrieron que el tiempo era solo una parte de la ecuación. El éxito no fue solo el producto de una década de práctica o 10 mil horas de arduo trabajo. Para comprender qué es lo que realmente puede maximizar el potencial humano, es necesario evaluar cómo trabajan los mejores.

Los entrenamientos de la superestrella de la NBA, Kobe Bryant, son un ejemplo perfecto:

- **¿Cómo llegó Kobe Bryant a la cima?**

Uno de los jugadores de baloncesto más exitosos del mundo, ganador de 5 campeonatos de la NBA y 2 medallas de oro olímpicas, Bryant ganó \$200 millones durante su carrera como jugador. En 2012, fue seleccionado para el equipo nacional de EE. UU., donde trabajó con él uno de los principales entrenadores deportivos. Uno de sus entrenadores dijo de él "Me invitaron a Las Vegas para ayudar con el entrenamiento del equipo de EE. UU. antes de su viaje a Londres. He trabajado antes con Carmelo Anthony y Dwyane Wade, pero esta es la primera vez que interactúo con Kobe. La noche anterior al primer calentamiento, a las cinco, justo cuando había terminado de ver Casablanca y me estaba quedando dormido, sonó mi celular. Fue Kobe. Cogí el teléfono, bastante sorprendido.

"Um, Rob, ¿espero no estar entrometiendo?"
"Mmm, no. ¿Qué pasó, Cob?

"Quería preguntarte si podrías ayudarme con mi entrenamiento, eso es todo".

"Miré el reloj. 4:15 a.m."

"Por supuesto. Nos vemos en el pasillo un poco más tarde".

"Tardé unos veinte minutos en empacar y salir del hotel. Cuando llegué al salón de entrenamiento principal, vi a Bryant allí. Estaba cubierto de sudor y parecía que iba a nadar. No eran ni las cinco de la mañana.

Hicimos otra hora y quince minutos de calentamiento, luego dimos 45 minutos de entrenamiento de fuerza en el gimnasio. Cuando nos separamos, volvió a la cancha para trabajar en los lanzamientos; volví al hotel, donde caí exhausto. Tenía que regresar a entrenar a las 11:00 aproximadamente. Me levanté, somnoliento, tambaleándome por la fatiga y la falta de sueño (gracias, Kobe), interceptando el bagel, fui al sitio. La siguiente escena se quedó grabada en mi memoria. Todos los jugadores del equipo estaban allí: LeBron estaba hablando con Carmelo y el entrenador Krzhizhevsky estaba tratando de explicarle algo a Kevin Durant. A la derecha, Kobe practicaba tiros en suspensión. Me acerqué a él, le di unas palmaditas en la espalda y le dije:

"Buen trabajo desde la mañana".

"¿Qué?"

"Sí, el calentamiento salió bien".

"Oh, sí, gracias, Rob. Gracias por notarlo."

"¿Cuándo terminas?"

"¿Terminar qué?"

"Bueno, ¿tiros en salto? ¿Cuándo vas a terminar con ellos?"

"Ah, ahora mismo. Quería hacer 800 tiros, así que sí, ahora".

"Nuevamente, Kobe Bryant comenzó a estirar a las 4:30 a. m., continuó con ejercicios cardiovasculares hasta las 6 a. m., se balanceó de 6 a. m. a 7 a. m. y finalmente practicó lanzamientos de 7 a. m. a 11 a. m. Ah, sí, y luego se procedió al entrenamiento general con todo el equipo. Obviamente, Kobe cumplió con sus 10 mil horas, pero hay otra parte más importante de su historia.

La importancia de la práctica deliberada: Kobe no solo entrena mucho, lo hace a propósito y muy deliberadamente. En la práctica, su objetivo es muy claro: 800 tiros en suspensión. Conscientemente, se concentró en desarrollar la habilidad de lanzar la pelota a la canasta. El tiempo dedicado al entrenamiento no fue significativo para él.

Suena simple, pero en realidad este enfoque es muy diferente a cómo tú y yo nos relacionamos con nuestro trabajo diario, porque la mayoría de las personas, cuando hablan de los esfuerzos realizados, utilizan la cantidad de tiempo como criterio para medir el esfuerzo realizado (por ejemplo, "¡Trabajé 60 horas a la semana!").

Tal gasto de tiempo te cansará, pero no lograrás un éxito serio (incluso si son las proverbiales 10 mil horas) que puedes lograr la actividad con un propósito. Por ejemplo, la mayoría de las personas que piensan que realmente se esfuerzan mucho en el entrenamiento simplemente desarrollan su habilidad de "permanecer en el gimnasio" en lugar de su habilidad de "lanzar la pelota a la canasta".

Continuando con la analogía del baloncesto, considera esta cita sobre la práctica deliberada:

"Considere las acciones de dos jugadores de baloncesto que practican tiros libres durante una hora. El jugador A lanza 200 tiros mientras que el jugador B solo 50. El jugador B atrapa los balones él mismo, regatea lentamente, toma algunos descansos para hablar con sus amigos. Un colega ayuda al jugador A a devolver las pelotas, también lleva un registro de todos los lanzamientos realizados, y si no tuvo éxito, anota por qué: si el lanzamiento fue demasiado corto, demasiado largo, si la pelota se desvió hacia la derecha o hacia la izquierda; y el jugador comprueba sus resultados cada 10 minutos. No se puede considerar su equivalente de formación por horas. Si practican así todo el tiempo, incluso si estuvieran al mismo nivel al principio, es fácil predecir quién será el mejor jugador después de cien horas de entrenamiento.

Cada uno de los jugadores en el ejemplo anterior podría presumir de un entrenamiento de una hora, pero solo uno de ellos lo hizo deliberada y decididamente.

Los investigadores notaron que los mejores en cada disciplina eran seguidores de la práctica deliberada. Los mejores artistas, músicos, atletas, ejecutivos y empresarios no solo trabajan duro, trabajan específicamente para desarrollar habilidades especializadas. Por ejemplo, la estrategia "Don't Break the Chain" de Jerry Seinfeld es un ejercicio consciente de escritura de chistes.

Puede aplicar el mismo enfoque a tu trabajo, tus metas y tus deseos. Combinar las ideas de "una década de silencio" y "práctica deliberada" puede lograr resultados sorprendentes y pasar por alto a todos en tu camino.

En el uso diario, esto no se convertirá en una carga pesada y esto tiene sus ventajas. A menudo sentirás que estás perdiendo, pero la lucha y la decepción son la forma de crecer y mejorar. Esas cosas que parecen no brindarte una gran paga ni reconocimiento son, de hecho, el precio que debes pagar para descubrir tu mejor trabajo para usted y para el mundo. En otras palabras, lo que parece un fracaso a menudo se convierte en la base del éxito.

Solo una hora de práctica enfocada y decidida todos los días puede brindar resultados increíbles a largo plazo. Y eso nos lleva a las preguntas más importantes:

¿Estás trabajando dentro de tu "década de silencio" hoy? ¿Tu actividad está enfocada al desarrollo consciente de tus habilidades? ¿O simplemente estás perdiendo el tiempo esperando lo mejor?

El éxito no llega de inmediato, pero ¿cuántos intentos has hecho?

Solo hay una forma de estar seguro de que evitarás el fracaso: si no haces absolutamente nada. Entonces, al elegir a favor del trabajo empresarial duro, prepárate para el hecho de que el camino hacia el éxito resultará ser espinoso.

Hoy en día hay una miríada de las llamadas "historias de éxito de oro", pero la mayoría de ellas, lamentablemente, muestran solo una cara de la moneda.

A continuación, una serie de hechos poco conocidos y muy curiosos de las biografías de personalidades mundialmente famosas. Esperamos que la siguiente información te brinde confianza en tus propias habilidades y te impulse a alcanzar nuevos logros.

¿Cuántos intentos hiciste?

•   Steven Spielberg, uno de los cineastas más exitosos de la historia, aplicó tres veces a la Universidad del Sur de California y fue rechazado tres veces después de escuchar el no muy inspirador "sin talento" dirigido a él.

•   The 4 Hour Work Week, un éxito de ventas del New York Times del escritor, bloguero y exitoso inversionista estadounidense Tim Ferris, recibió 25 rechazos de varias editoriales.

•   Tim Westergren, el fundador de la radio en línea Pandora, tuvo que negociar la financiación durante dos años y medio con más de 300 capitalistas de riesgo, ya que la mayoría de ellos tenían miedo de asumir obligaciones tras el colapso de las puntocom.

•   Según los expertos, el famoso empresario británico Richard Branson fundó alrededor de 400 empresas, que formaban parte de su conglomerado diversificado Virgin Group, antes de comenzar a trabajar en el nuevo proyecto Virgin Galactic.

•   Harland David Sanders, mejor conocido como Coronel Sanders, fundador de la cadena de restaurantes de comida rápida KFC (Kentucky Fried Chicken), decidió abrir su propio negocio a la edad de 65 años. Viajó en automóvil a varios restaurantes y cocinó alitas de pollo para sus dueños. Si al dueño le gustaba el plato, estaba obligado a incluirlo en el menú del restaurante. Cuenta la leyenda que Sanders escuchó 1009 "no" antes de tener la suerte de vender su receta exclusiva por primera vez.

•   Sylvester Stallone, tratando de vender el guion de la película "Rocky" con la condición de que lo protagonizara, fue rechazado 1.500 veces seguidas. Al final, en lugar de los $325,000 ofrecidos anteriormente por la agencia por el guion de "no Stallone", el actor recibió $35,000 y aceptó todos sus términos. Por cierto, la taquilla total de la película fue de $225 millones.

•   James Dyson creó 5127 prototipos fallidos de su primera aspiradora antes de desarrollar la que pensó que funcionaba muy bien (DC01).

•   Y, por supuesto, el mundialmente famoso inventor y empresario estadounidense Thomas Edison, quien le dio a la humanidad una bombilla eléctrica, se convierte en el poseedor del récord de la cantidad de intentos fallidos. Como dijo el propio científico: "No sufrí derrotas. Acabo de inventar 10 mil opciones que no funcionan".

El éxito es un hábito o el secreto de Richard Branson

En 1966, un chico disléxico de 16 años abandonó la escuela. Con la ayuda de un amigo, abrió una revista estudiantil e hizo su primer dinero vendiendo espacios publicitarios en sus páginas a empresas locales. Cuatro años más tarde, en busca de formas de desarrollar la revista, comenzó a vender discos de vinilo a suscriptores regulares. Los discos fueron bien y pronto se abrió una tienda de discos. Después de dos años de vender discos, el joven abrió su propio sello discográfico y estudio de grabación.

Alquiló un estudio para trabajar con artistas locales. Uno de ellos, Michael Oldfield, grabó en él su éxito "Tubular Bells", que vendió 5 millones de copias. Durante la próxima década, el joven y su sello crecieron y atrajeron a gente como Sex Pistols, Culture Club y los Rolling Stones. Entre épocas, siguió abriendo empresas. La esfera de interés incluía los viajes aéreos, los trenes y los teléfonos móviles. Más de 50 años después, había más de 400 empresas bajo su dirección.

Hoy, este chico que abandonó la escuela es uno de los multimillonarios más famosos y extravagantes del mundo.

Recientemente, Sir Richard estuvo en Moscú y durante una reunión en una sala de conferencias, contó una historia increíble sobre cómo abrió Virgin Airlines:
"Tenía poco más de treinta años y ya tenía mi propio negocio, pero no era famoso en ese momento. Rumbo a las Islas Vírgenes, donde me esperaba una chica muy hermosa, no quería llegar tarde, así que tenía prisa. Sin embargo, el vuelo fue cancelado por alguna razón. Era el último vuelo de ese día. Pero era posible alquilar un jet privado. Hice esto, pero no podía pagar el piloto solo con mis propios fondos.

Así que escribí "Virgin Airlines, $29" en una pizarra pequeña y fui a donde se habían reunido las personas del vuelo cancelado. Recluté bastante rápido a la cantidad requerida de personas, alquilamos un avión y volamos tranquilamente a las islas el mismo día".

Hábitos de la gente exitosa

Después de hablar con periodistas y fanáticos, Branson se sentó con colegas y expertos de la industria para hablar sobre el futuro del negocio. Curiosamente, de todos los reunidos, Branson era el más sencillo y a la vez el más rico. Pensemos, ¿cuál es la diferencia entre Sir Richard Branson y el resto de personas en la sala? ¿Cuál es la diferencia entre un multimillonario?

Cuando Branson dice "Al diablo con todo. ¡Tómalo y hazlo!". Estas no son solo palabras, este es el principio de su vida. Abandona la escuela y comienza un negocio. Firma con los Sex Pistols, que otros sellos han rechazado. Abre una aerolínea cuando ni siquiera tiene dinero para un vuelo chárter.

Mientras todos los demás se estancan o ponen excusas, Branson actúa.

Branson es un ejemplo extremo. Pero cada uno de nosotros podría usar algo de su enfoque.

Si desea obtener la esencia del éxito en una oración, aquí está: "Las personas exitosas comienzan antes de sentirse listas". Si hay alguien que comenzó a incorporar ideas para las que no estaba preparado, ese es Branson. El mismo nombre de su imperio Virgin (virginidad) sugiere que Branson y sus socios eran absolutamente inexpertos al comienzo del negocio.

Juzgue usted mismo: Branson ha abierto tantas empresas, ha realizado tantos viajes y ha lanzado tantos programas de caridad que es imposible imaginar que entiende todo esto a fondo. De hecho, es dudoso que hubiera sido admitido a un trabajo responsable en estas áreas. No sabe nada sobre el diseño y la gestión de aeronaves y no pudo conseguir un trabajo en Virgin Airlines. Sin embargo, lo abrió.

Si trabajas en algo importante durante mucho tiempo, nunca llegarás a estar listo para lograrlo. Para hacer algo real, tienes que sentirte inseguro. Sí, eres inexperto, poco calificado y no conoces ni la mitad del área de actividad futura, pero créeme: ahora mismo tienes más que suficiente para comenzar a avanzar hacia tu objetivo. Sea lo que sea.

Intentar es lo que importa. Lo que eres ahora, lo que sabes, lo que puedes hacer es suficiente para empezar.

Todos comienzan de la misma manera: en un sótano o garaje, sin dinero, sin recursos, sin conexiones. La diferencia es que los ganadores comienzan a hacer negocios de todos modos, pase lo que pase.

No importa en qué país te encuentres. Independientemente de lo que hagas y de lo que te apasione. No importa. Simplemente comienza ahora, pase lo que pase.

Los consejos más ilógicos para el éxito de empresarios famosos

A todos nos encanta recibir consejos de personas que han estado en la misma situación que nosotros, o de aquellos que han logrado más en el mismo camino que nosotros. Para las empresas emergentes, esto es especialmente útil, ya que este camino suele ser difícil e inexplorado.

Irónicamente, algunos de los consejos que encontramos al leer artículos y entrevistas con empresarios famosos no son tan intuitivos como podríamos esperar de ellos. Pensamos que sería interesante recopilar algunos de estos consejos en un solo lugar, así que aquí hay consejos menos intuitivos que pudimos encontrar de empresarios famosos.

- **Paul Graham: No pienses demasiado en grande**

Paul Graham es un empresario, ensayista y programador estadounidense que creó un dialecto de la familia de lenguajes de programación LISP, al que llamó Arc. Autor de varios libros sobre programación. En 1995, Graham fundó Viaweb, un servicio que le permitía crear sus propias tiendas en línea basadas en tecnología de proveedor de servicios de aplicaciones (ASP).

Esto es lo que dice Paul: "La experiencia muestra que a menudo las grandes cosas comienzan con pequeñas cosas engañosas. Este consejo va en contra del concepto popular de visualizar el futuro, donde luchas por imaginar tus grandiosos logros en unos pocos años.

Tomemos el ejemplo de Colón, quien emprendió un viaje hacia el oeste sin un destino claramente visualizado. No intentes diseñar el futuro como un edificio terminado, porque el plan en sí puede estar equivocado.
Comienza con pequeños pasos de los que estés 100 % seguro y, cuando llegue el momento de expandirte, expande hacia el "oeste".

- **Leo Babauta: no te pongas metas**

Leo Babuta es uno de los blogueros, periodista y autor más vendido de Estados Unidos. En 2009, su blog Zen Habits entró en el TOP 25 de mejores blogs (según la revista Time), y en 2010 encabezó esta lista.

Cita de Leo: "Estos días he estado sin goles la mayor parte del tiempo. Sí, va en contra de todo lo que te han enseñado o escuchado antes, pero eso no significa que haya dejado de luchar por algo. Significa que dejé de limitarme a las metas".

El consejo de Leo ayuda a evitar la frustración y la amargura de las metas no alcanzadas:

"Si vives sin metas, exploras nuevos entornos, descubres posibilidades inesperadas, te encuentras en lugares impredecibles. Esta es toda la belleza de la filosofía "sin propósito".

Todo suena a que Leo es un maldito holgazán. Pero asegura que está más activo que nunca: "¿Qué estoy haciendo todo el día? ¿Tumbado en el sofá, viendo la tele hasta quedar estupefacto, durmiendo y comiendo? No, busco lo que me interesa y lo hago. La falta de objetivos no es ociosidad. Todavía puedes crear, desarrollar, seguir tus pasiones".

- **Dave Goldberg: Sal de la oficina a las 5:30 p. m.**
Dave Goldberg es el director ejecutivo de Survey Monkey.

Todos hemos oído hablar de ejecutivos que trabajan duro día y noche. Las empresas emergentes son especialmente entusiastas, ya que a veces se olvidan de cómo son su esposa e hijos.

Dave Goldberg, director ejecutivo de Survey Monkey, mostró con el ejemplo que se puede cerrar la oficina a las 5:30 p. m. y seguir administrando un negocio de miles de millones de dólares.

Dave sale del trabajo a las 5:30 todos los días para pasar tiempo con su familia. Demuestra a otros empleados que es posible tener tiempo para ir a casa a cenar y, en general, vivir lejos de la oficina. Este es un excelente ejemplo de una cultura corporativa que no altera el equilibrio entre la vida y el trabajo. Y aquí hay otra cosa interesante que hizo Dave: tan pronto como Goldberg asumió el cargo, contrató a una mujer embarazada de cuatro meses para el puesto de vicepresidenta.

Al hacer de Survey Monkey un trabajo que deja mucho tiempo para la familia, Goldberg resolvió el problema de la escasez y la rotación de personal.

- **Elon Musk: busca lo negativo**

Elon Musk es un ingeniero, empresario, multimillonario y cofundador estadounidense de SpaceX y Tesla Motors. Elon Musk sirvió como prototipo de Tony Stark (Iron Man).

Elon Musk de alguna manera recibió una generosa dosis de negatividad de la prensa y, lo más sorprendente, calificó de útil esa experiencia:

"Siempre recopile comentarios negativos, incluso si es psicológicamente doloroso... Sí, la crítica no siempre será justa, pero también contiene mucha constructividad. Escuche las opiniones más críticas sobre su negocio. Como regla general, los aspirantes a empresarios están ciegamente enamorados de su idea y solo escuchan a quienes la comparten. De hecho, ¿a quién le gusta escuchar las quejas de los escépticos? Pero estas son las personas a las que se debe escuchar en primer lugar. Pídeles que rompan tu producto o idea en pedazos. Si sientes que bajo la presión de la crítica te han despertado dudas, es posible que no estés completamente seguro del éxito. Pero si eres capaz de defenderte de las objeciones más importantes, seguramente tendrás el coraje de llevar a cabo el plan previsto.

- **Jeff Bezos: cambia de opinión a menudo**

Jeff Bezos es el director ejecutivo y fundador de la empresa de Internet Amazon.com, fundador y propietario de la empresa aeroespacial Blue Origin y propietario de The Washington Post. Una de las personas más ricas del mundo, que cree que "las personas que a menudo tienen razón son personas que a menudo cambian de opinión".

Jeff cree que la inconsistencia de los pensamientos es un rasgo positivo. Es genial cuando la idea de hoy contradice la de ayer. Las personas inteligentes constantemente reconsideran sus creencias. Están abiertos a nuevos puntos de vista, nuevas ideas y objeciones. Todo esto, por supuesto, no significa que no necesite su propia opinión. Esto significa que debes considerarlo temporal.

- **Tim Ferriss: no se lance al negocio abruptamente**

Tim Ferriss es un escritor estadounidense, autor del libro más vendido Cómo trabajar 4 horas a la semana sin pasar el rato en la oficina, orador y gurú de la productividad.

Aquí están sus palabras: "A menudo veo personas que cambian abruptamente del trabajo contratado a su propio negocio. Por alguna razón, piensan: o eres un empleado o un hombre de negocios. En mi opinión, no debes dar saltos repentinos, a menudo es muy doloroso. Debe comenzar en la dirección opuesta al ingreso mensual planificado. Cuando sienta una clara ventaja a favor de su propio negocio, siéntase libre de renunciar. Hasta entonces, perfeccione, automatice y depure los procesos comerciales. Trabajar en una buena empresa le dará valiosas conexiones comerciales, le enseñará una gran visión".

- **Nate Kontny: no salgas de la oficina**

Nate Contney es desarrollador y fundador de las startups Inkling y Cityposh.

Probablemente haya escuchado lo importante que es para los emprendedores salir de la oficina, especialmente en las primeras etapas del desarrollo de una empresa. Este enfoque le permite comunicarse directamente con los clientes y el público objetivo, identificar sus necesidades y aspiraciones para desarrollar un producto adecuado.

Nate Contney tiene una opinión diferente sobre esto: "Si quieres crear algo que deje una huella en el universo, necesitas una comprensión profunda del problema. Es difícil crear un buen producto basado en ideas superficiales. Por ejemplo, cuando Proctor and Gamble estaba desarrollando el detergente Swiffer, contrataron a un equipo de etnógrafos profesionales. Y crees ingenuamente que puedes "hacer estallar" el mercado al pasar media hora con una taza de café".

Nate dice que es mejor comenzar con sus propios problemas y hábitos:

"¿Sabes quién puede ser investigado a fondo al menos las 24 horas del día? Él mismo."

• **Reid Hoffman: sé humilde al principio**

Reid Hoffman es un emprendedor y business angel. En 2003, cofundó LinkedIn, "una red social para profesionales". Antes de LinkedIn, fue miembro de la junta de PayPal.

El fundador de LinkedIn se opone al perfeccionismo: "Una startup exitosa tiene que ver con la investigación de mercado. Una estrategia de gratificación del ego como "¡Desarrollaré en secreto un producto milagroso y luego bajaré el velo y todos sabrán que soy un genio!" es una estrategia perdedora. Para tener éxito, necesita moverse constantemente, desarrollarse, adaptarse, adaptarse a un ritmo rápido.

Hoffman dice que la mejor manera de tener éxito es concentrarse en los comentarios de los usuarios de su producto: "Tiene que comenzar con un producto apenas viable, una especie de bebé enfermizo que crecerá y se fortalecerá en las condiciones reales del mercado, no en el cerebro del desarrollador".

• **Chris Guillebeau: hagamos las mejores garantías**

Chris Guilbaud es escritor, empresario y viajero. Autor de The $100 Startup: Create a New Future by Doing what You Love.

Viajero que ha visitado casi todos los países del mundo y "vendedor de ideas" Chris Guillebaud aconseja no escatimar en garantías a los clientes: "Muchos, especialmente los emprendedores de nueva creación, tienen miedo de dar garantías fuertes. Y en vano Alguien preguntará: ¿qué porcentaje de clientes utilizan garantías? ¡La respuesta es menos del 1%! ¡Pero la gente puede engañarte! La respuesta, es que la mayoría de la gente es honesta. ¿Por qué preocuparse por los mentirosos? La vida es muy corta para eso."

Cómo ser exitoso: Consejos para triunfar en la vida

No existe una fórmula mágica que te enseñe cómo ser exitoso en la vida.

El éxito, al igual que muchos otros aspectos en la vida, termina siendo una cuestión de perspectiva donde cada uno tiene su propia definición.

Para algunos, el éxito puede depender de la cantidad de ceros que tiene su cuenta bancaria, mientras que otros lo asocian con superar una dificultad o enfermedad, o simplemente haber conseguido un trabajo nuevo.

Más allá de todas las definiciones posibles, hay algo claro y es que todos buscamos ser mejores cada día, y es allí donde radica nuestra definición de cómo ser exitoso: El éxito no es un resultado, es un proceso que desarrollas todos los días y que al final, tendrá su recompensa.

Así que, si quieres aprender cómo ser exitoso en la vida deberás revisar cuáles son tus comportamientos diarios y evaluar si estos están alineados con tus objetivos.

En caso de que no sea así, la invitación es que revises los siguientes hábitos de éxito que no solo te ayudarán a mejorar todos los días, sino que te encaminarán a lograr tus metas y finalmente alcanzar el éxito.

En caso de que no sea así, la invitación es que revises los siguientes hábitos del éxito:

1. Desarrolla el hábito de la lectura

No se trata de comprar un libro al año, ojearlo y dejarlo acumulando polvo en tu biblioteca. El hábito de la lectura consiste en dedicar cómo mínimo 30 minutos diarios a leer.

Para esto puedes buscar un libro de un tema que te interese, que te forme de alguna manera o que te ayude a desarrollar el hábito de la lectura.

2. La importancia del ejercicio

En la vida tienes que tener un balance. Si vas a trabajar 15 horas diarias porque piensas que esto te enseñará cómo ser exitoso, asegúrate de descargar tu energía y entretener tu mente con el ejercicio.

Este tipo de hábitos saludables no solo te ayudarán a estar físicamente en forma, también liberarás endorfinas, reducirás el estrés y tu mente se distraerá.

3. Desarrolla tu inteligencia emocional

De acuerdo con la ciencia, los rasgos de personalidad predicen con mayor exactitud si serás exitoso en la vida que tu nivel de inteligencia.

Si bien tu coeficiente intelectual es importante a la hora de aprender cómo alcanzar el éxito, tanto a nivel personal como profesional, el Instituto de Tecnología Carnegie argumenta que el 85% del éxito financiero se atribuye a los rasgos de personalidad, es decir las habilidades de las personas, y no al poder cerebral.

Tener la inteligencia emocional para lidiar contigo, con tus compañeros y los clientes es la base para tener un desarrollo profesional efectivo. Y para lograrlo, debes hacer lo siguiente:

Conocerte:
Saber manejar tus emociones, identificar áreas en las que puedes mejorar por medio del estudio y la investigación, y tomar los errores y fracasos como oportunidades de crecimiento.

Conocer a los demás:
Debes escuchar las ideas y necesidades de los demás, y a pesar de no siempre estar de acuerdo, demostrar que te importan y respetas sus ideas.

En el lugar de trabajo, pensar en equipo y el desarrollo del personal deberían ser las prioridades y no enfocarse únicamente en adquirir un conocimiento técnico.

4. Aprende a descansar
En su famosa charla de Ted, Arianna Huffington explica los beneficios de dormir placenteramente en tu búsqueda de aprender cómo ser exitoso. Lo primero que deja claro es que no hay ningún acto de heroísmo cuando te privas de un buen descanso.

Gran parte del día te las pasas viendo pantallas; tu computador, televisor, teléfono, entre otros, lo que produce que la hormona del estrés cortisol llegue al cerebro en cantidades sobrenaturales.

Nuestros cuerpos nunca saben cuándo es momento de irse a la cama, y como no nos sentimos cansados, sentimos que todavía no es momento de irse a descansar.

Así que es importante que aprendas a descansar y desarrolles hábitos de sueño que sean coherentes con este objetivo. Para esto, define cuáles son los momentos del día más productivos, y ajusta tu rutina a este horario.
Si te resulta fácil trabajar en las mañanas, aprende a levantarte temprano y utiliza tus mañanas al máximo.
Si eres de los que le resulta más fácil concentrarse en la noche, entonces encuentra manera de descansar hasta tarde de manera tal que te repongas, recargues energía y tengas un buen descanso.

5. Aprende a decir no con frecuencia
Todo el mundo tiene límites, y decir no hace que estos se conserven y tengan sentido para ti. Si deseas tomar en serio tus metas a futuro, y aprender cómo ser exitoso en la vida, tendrás que aprender a decir no. Ahora bien, existen dos tipos de no:

- El no interior que es el que nos impide, por ejemplo, comprar cosas que no necesitamos.
- El no exterior que no permite que nos quedemos más tarde haciendo un trabajo, o de hacer algo que no queremos.

Ambos tipos son esenciales para una vida saludable y productiva, ya que esta respuesta nos puede mantener claros en nuestros principios, enfocados en nuestros objetivos, y nos brinda la fuerza para hacer los cambios que sean necesarios.

6. Disfruta de momentos de silencio y tranquilidad

En medio de tantos compromisos, pendientes y buscar ser más productivos, es muy fácil caer en la rutina del hacer y hacer, sin pensar qué estamos realizando, el por qué y hacia dónde vamos.

Si realmente quieres aprender cómo ser exitoso, renuncia a la idea de que hacer más es sinónimo de triunfo. Recuerda que para sacar adelante tus proyectos debes trabajar de manera inteligente, definir objetivos y enfocarte en ellos.

¿Cómo lograrlo? Ten presente que aquello que nunca se evalúa, nunca se mejora. Así que pregúntate, ¿qué estás haciendo bien en tu trabajo, en tu vida personal y con tu familia?

Disfruta de un momento de silencio y pregúntate con toda honestidad, qué estás haciendo y la razón de hacerlo. Haz una lista con tus fortalezas, debilidades, buenas decisiones, no tan buenas, y lleva un control. Esta es la única manera de mejorar.

7. Ten una mentalidad de crecimiento

Existe un gran poder detrás de la ignorancia y la mentalidad de principiante. Como Shunyru Suzuki escribe en Zen Mind, Beginner's Mind, «en la mentalidad del principiante existen muchas posibilidades, en la mente de un experto existen pocas».

Cómo ser exitoso en la vida exige que tengas una mentalidad de principiante o crecimiento, lo cual te permite vivir libre de prejuicios, viviendo experiencias diferentes y adquiriendo nuevos aprendizajes.

Las personas con una mentalidad de crecimiento reciben los retos y las dificultades con brazos abiertos. Ellos creen en su capacidad para superar estas situaciones.

Aprende algo nuevo todos los días:

La gran mayoría de personas que quieren aprender cómo ser exitosos y sueñan siendo empresarios exitosos, están muy ocupados en su día a día como para aprender algo nuevo.

Sin embargo, si quieres diferenciarte y alcanzar tus metas deberás invertir tiempo y dinero en tu formación. Para eso toma cursos online, asiste a seminarios, talleres presenciales o cursos de temas que te interesen.

8. Convierte tus sueños en objetivos

Una cosa es tener objetivos y otra muy diferente tener sueños. Un objetivo no es nada distinto a un sueño con una fecha de vencimiento. Así que deja de soñar en un futuro y más bien pregúntate qué estás haciendo hoy por tus metas de vida.

Cómo ser exitoso en la vida consiste en tomar tus grandes anhelos y estructurarlos de una manera que te resulte fácil alcanzarlos. Para esto, puedes convertir esos grandes objetivos en pequeños retos diarios por los cuales trabajar.

Los objetivos muy grandes tienden a paralizar a las personas debido a su magnitud y lejanía. Más bien piensa qué vas a hacer hoy, por más pequeño que sea, que contribuya a lograr ese objetivo.

Si tu objetivo es comprar tu primer apartamento, no te levantes pensando cómo vas a reunir la cuota inicial del 30%. Más bien piensa cuánto tienes que ahorrar hoy para lograrlo en X meses.

De esto se trata el método Kaizen, un modelo japonés que te permite mejorar constantemente tu vida por medio de pequeños retos.

9. La importancia de las relaciones y de quien te rodeas

El dicho que dice que es mejor tener amigos que dinero, aplica 100%. Si bien el dinero es una herramienta importante, conocer las personas indicadas te abre la puerta necesaria para acercarte a tus objetivos y nuevas oportunidades de negocio.

El dicho que dice que es mejor tener amigos que dinero, aplica 100%. Si bien el dinero es una herramienta importante, conocer las personas indicadas te abre la puerta necesaria para acercarte a tus objetivos y nuevas oportunidades de negocio.

Ahora bien, esto no se trata de ser interesado y muchos menos preguntarte qué puedes sacar de esa nueva persona que conociste. Más bien consiste en ser selectivo y escoger sabiamente a las personas con las cuales compartes tu tiempo.

Recuerda que eres el promedio de las cinco personas con las cuales compartes la mayor parte de tu tiempo, así que rodéate de personajes que saquen tu mejor versión.

Escucha consejos constructivos de quien haya construido algo:

Al igual que rodearte de personas exitosas que saquen tu mejor versión es importante, también debes saber a quién escuchar, ya que no todos los consejos son válidos. Pregúntate, ¿tienes un mentor? ¿Tienes una persona que sea tu modelo para seguir?

Encontrar este tipo de personas para tu vida es fundamental, ya que podrás escuchar de primera mano sus experiencias, errores, aprendizajes y demás conocimientos que de otra manera te resultaría difícil conocer.

10. Crea múltiples fuentes de ingresos

Cómo ser una persona exitosa va más allá de cuánto dinero ganas, ya que, como mencionamos al comienzo, tu definición de éxito puede ser muy diferente a gozar de la independencia financiera.

Cómo ser una persona exitosa va más allá de cuánto dinero ganas, ya que, como mencionamos al comienzo de este artículo, tu definición de éxito puede ser muy diferente a gozar de la independencia financiera.

No obstante, tener unas buenas finanzas personales sin duda alguna contribuye a que puedas trabajar de manera tranquila y enfocada en tus objetivos.

Debes crear una mentalidad indicada que te permita generar nuevas fuentes de ingreso, con las cuales dejes de depender de tu salario y tengas la tranquilidad de que tu estabilidad financiera no depende únicamente de tu sueldo.

¿Cómo lograrlo? Diversifica, invierte en negocios rentables, emprende tu idea y pon el dinero a trabajar para ti. Si en algún momento tu trabajo o empleo se ve afectado, tendrás otras fuentes haciendo responsables de tus finanzas personales.

11. Invierte en tu tiempo de ocio

Trabajar de lunes a viernes no es suficiente para ser exitoso, y no porque debas buscar trabajos para el fin de semana, sino porque cuando no hay un balance en la vida, aprender cómo ser exitoso pierde sentido.

La idea con este punto, es que al igual que te esfuerzas por trabajar de manera inteligente y enfocada, también dediques tiempo, recursos y tu mejor energía para disfrutar haciendo aquello que te recuerda tu propósito de vida.

No todo es trabajo, no todo es productividad y es necesario que tengas pasatiempos y actividades que disfrutes hacer sin estar pensando en cuánto dinero ganas, qué tan bien lo haces o quien te está mirando.

No todo es trabajo, no todo es productividad y es necesario que tengas pasatiempos y actividades que disfrutes hacer sin estar pensando en cuánto dinero ganas, qué tan bien lo haces o quien te está mirando.

12. Practica la gratitud todos los días

Si quieres alcanzar algo grande en tu vida, si quieres ser feliz, aprender cómo ser exitoso y hacer la diferencia, debes ser agradecido a diario.

Te guste o no, nuestras vidas dependen en gran parte de situaciones externas. Así que no importa qué tan motivado o enfocado estés, tu realidad termina siendo una combinación de amigos, suerte, colegas, familia, un poder superior e incluso personas extrañas constantemente que están influenciando tus resultados.

Cuando eres agradecido por las cosas más sencillas, la vida misma se encarga de premiarte.

Recuerda que el acto de gratitud no es una vía que va en una sola dirección. La gratitud rebota hacia muchas direcciones y termina abriéndote nuevas puertas. Las leyes del Karma aplican en tu vida, lo quieras o no.

Por último, hay una razón más por la cual debes ser agradecido, y es que este acto te hace sentir bien contigo y te hace creer que esta vida vale la pena y puedes mejorarla.

13. Desarrolla la resiliencia

Las personas audaces y positivas desarrollan una disciplina mental que les permite adaptarse con facilidad a la adversidad.

La resiliencia comienza con flexibilidad y adaptabilidad.

Aprender cómo ser feliz y exitoso no siempre es cuestión de tumbar muros e impedimentos; sino de tener fe, coraje y una actitud tranquila que permita que las cosas difíciles también ocurran.

Las personas con resiliencia siempre se motivan encontrando coraje dentro de ellos mismos; ellos se rodean de personas positivas e inspiran a los demás sin importar cualquier problema personal que tengan.

Ver tu vaso medio lleno:

Esto no tiene nada que ver con motivación barata. Ese dicho, más que un refrán, es una filosofía de vida que te hace alcanzar grandes cosas en tu vida.

¿Por qué? Porque con pensamientos positivos lograrás muchas más cosas que con una mentalidad negativa.

Si piensas que las cosas no saldrán como tú quieres no tendrás la misma disposición y rendimiento que tuvieras si estás convencido que, por lo que estás trabajando, será tuyo.

14. Comienza a motivar a los demás

Todos deberíamos saber acerca la motivación personal y de la importancia de inspirar a los demás, así no ocupes ningún cargo directivo.

Esta habilidad puede enseñarte cómo ser un buen líder, a conectarte de mejor manera con las personas, construir nuevas relaciones y alcanzar tu potencial.

El primer paso para motivar a las personas es dejar de tratarlas como empleados, jefes, directivos. Ellos son más de lo que dicen sus tarjetas de presentación. Empieza a tratarlos como seres humanos.

Las personas que motivan a los demás hacen tres cosas con frecuencia:

- Se comunican abiertamente y con frecuencia
- Recompensan positivamente
- Dicen lo que tienen que decir

En definitiva, saber conectarse, trabajar en equipo y rodearte de personas más inteligentes que tú es indispensable para sobresalir en tu campo y aprender cómo ser exitoso.

15. Debes tener una pasión

El conocimiento es indispensable para lograr el éxito, pero si no sientes pasión por lo que estás haciendo, es muy difícil que superes todas las dificultades. No solo se trata de ser bueno en lo que haces, se requiere esa pasión para realmente aprender cómo ser exitoso.

Una pasión es aquello que te hace superar los momentos difíciles, es la que te hace levantar cuando no hay motivos o razones para hacerlo, para intentarlo una vez más y dar tu mejor versión.

Cuando tienes claro qué es lo que te apasiona, no te da miedo lo desconocido, confías en tu capacidad, en tu fortaleza interior y estás dispuesto a correr riesgos porque sabes que el resultado valdrá la pena.

Cuando tienes una pasión y trabajas por ella, aprender cómo ser exitoso se vuelve algo inevitable, ya que estás destinando toda tu energía, tiempo y recursos a lograr el objetivo más importante de tu vida.

Cuando tienes una pasión y trabajas por ella, aprender cómo ser exitoso se vuelve algo inevitable, ya que estás destinando toda tu energía, tiempo y recursos a lograr el objetivo más importante de tu vida.

######

www.ingramcontent.com/pod-product-compliance
Lightning Source LLC
Chambersburg PA
CBHW072035150726
47999CB00002B/917